Ein kleines Buch mit Reimen drin

von
Kerstin Fritsch

Private Gedichte von Kerstin Fritsch – geschrieben im
Laufe von gut 20 Jahren zu allen möglichen Anlässen wie
zum Beispiel Geburtstagen, Hochzeitstagen,
Weihnachtsfeiern und Taufen, aber auch zum „Danke"
sagen, Trösten und Nachdenken …

Bibliografische Information der Deutschen
Nationalbibliothek
Die Deutsche Nationalbibliothek verzeichnet
diese Publikation in der Deutschen
Nationalbibliografie; detaillierte
bibliografphische Daten sind im Internet über
http://dnb.d-nb.de abrufbar.

Herstellung und Verlag:
Books on Demand GmbH
Norderstedt

ISBN-13: 978-3-8391-3383-5

Für

Die wichtigsten
Menschen in meinem
Leben:
meinen „Felsen" Bino,
meine Eltern,
meine Schwestern
Nicole & Gabi
und Karsten

Ihr seid die
beste Familie,
die man sich
wünschen kann!

Ohne Euch wäre
ich nicht ich!

Ich liebe Euch!

Über dieses Buch (2008)

Dieses Buch hier ist gewiss
für Profis nur ein „Fliegenschiss"
– Für die ist's ja auch nicht gedacht!
Nur für die, den's Freude macht!

Für die, die lust'ge Verse lieben,
für die ist dieses Buch geschrieben!

Rilke, Heine, Ringelnatz
haben einen and'ren Platz,
schreiben völlig and're Dinge
die ich sicher hier nicht bringe

Ich biege, beuge, radebreche
lustig ist doch g'rad das Freche!
Nutz' die Umgangssprache voll
Gerade das find ich sooo toll!

Reime zwischen Tür und Angel
– ohne Kritikergerangel –
reimen wo ich geh und steh,
kurz was zum Lachen beim Kaffee

das ist das, worum's mir geht!
Nicht das, was in Kritiken steht!
Doch viele, für die ich mal schrieb
gaben mir freundschaftlich 'nen Hieb
und sagten zu mir „Mach was d'raus!"
… und so kam dieses Buch hier 'raus …

Inhaltsverzeichnis

1

Rund um den Geburtstag

Zur Geburt (1996)

Am 8.12. war's soweit
Alles war schon längst bereit!
Hat gewartet sehnsüchtigst
dass Du das Licht der Welt erblickst …

Um kurz vor zehn Dein erster Schrei
und ich war sogar dabei!
Ich war so stolz, es war so schön!
Ich durfte Dich mit als Erste seh'n!

Nun sag ich Dir „Herzlich Willkommen" im Leben
Viel Glück und viel Liebe soll es Dir geben
und stets sollst Du der Sonnenschein
für deine stolzen Eltern sein!

Von Herzen das Beste ein Leben lang
das wünscht Dir Susanne mit Sarah und Frank

Zur Taufe

Wir heißen Dich herzlich Willkommen im Leben,
viel Glück und viel Liebe soll es Dir geben

und stets sollst Du der Sonnenschein
für Deine stolzen Eltern sein!

Wir wünschen Dir Güte, Kraft, Mut und Verstand,
Gesundheit, Humor und 'ne glückliche Hand

damit Dir im Leben von allen Dingen,
die Du Dir vornimmst, die meisten gelingen

Optimismus soll stets Dein Weggesell bleiben,
denn der wird Dich immer nach vorn weiter treiben

Wie Dein Leben läuft und in was für Bahnen,
das können wir heute noch nicht einmal ahnen

Dein ganzes Leben liegt jetzt noch vor Dir.
Viel Glück und Geschick wünschen wir Dir dafür!

Doch was auch geschieht, da kannst sicher Du sein,
Du stehst im Leben nie allein

All die, die Dich lieben, sind stets für Dich da!
Wir gehören dazu, das ist hoffentlich klar!

Pass gut auf Dich auf und wachse heran.
Jeder wird helfen, so gut er nur kann!

Wir freuen uns darauf, das alles zu seh'n,
einen Großteil des Weges mit Dir zu geh'n!

Geburtstagsreim (1997)

Auf dass …

… die Sonne stets Dir lacht
die Arbeit Dir nur Freude macht

die Kohle stets in Strömen fließt
Du jeden Tag aufs Neu' genießt

Du gesund bleibst Tag für Tag
ein jeder gern Dein Freund sein mag

all Deine Wünsche werden wahr!
das wünscht fürs neue Lebensjahr

Dir Deine kleine Schwester hier!
Von Herzen gratulier ich Dir!

Geldgeschenk (1998)

Diesen dicken Sack voll Geld
hab'n wir speziell für Dich bestellt!

Ursprünglich sollt' er größer sein
damit ein bisschen mehr passt rein …

Doch größer hab'n wir kein' gekriegt
nun hoffen wir, dass der genügt.

Sollst Dir selbst was Schönes kaufen
oder auch das Geld versaufen!

Wie dem auch sei, erfreu' dich dran!
Es grüßt dich der Kollegen-Clan!

Zum 25sten (1996)

(Aufschrift auf der Karte: „Weil du uns immer wieder zum Lachen bringst")

Die Karte passt, das ist wohl klar,
denn lachen kann man wunderbar,
wenn unser Clan zusammenhockt
und einen nach dem and'ren bockt!

Ob wir den Bauch vom Buddha streicheln
oder um die Häuser schleichen!
Denk nur an den Männerstrip,
oder wenn beim Pur-Videoclip

wir Selbstauslöser-Fotos schießen,
bis gnadenlos die Tränen fließen!
Einmal im Monat geht es ab
und da macht keiner von uns schlapp.

Weil nämlich wir vier Weibsgestalten
gnadenlos zusammenhalten!
Der Frauenabend, der ist heilig,
den macht auch kein Mann uns streitig!

Doch zu dieses Tages Ehren
wollten wir Dir nicht verwehren,
sie zu Gesicht heut zu bekommen.
Drum haben wir sie mitgenommen!

Und sie hab'n sich sicher heut
genau wie wir darauf gefreut,
mit Dir zu feiern, ist doch klar,
wirst schließlich 25 Jahr!

30! (1997)

Himmel, wie die Zeit vergeht!
Gerad' war's noch die Pubertät

die das Leben schwer Dir macht
– heut wird darüber nur gelacht!

Die Zwanziger – schon Schnee von gestern –
darüber kann man auch schon lästern!

Die Kerzen auf dem Festtagskuchen
– früher musste man sie suchen –

sind heute nicht zu überseh'n
schließlich sind's schon drei mal zehn!

30 Jahre – lange Zeit!
Wir hoffen doch, Du bist bereit

die nächsten 30 anzugeh'n
in denen wir uns oft noch seh'n!

Und sei dir sicher, liebe Maus
mit den 30 ist's nicht aus!

Denn auch bei zwei, drei Kerzen mehr
eilen gern wir wieder her!

Denn Feiern ist erst richtig nett
ist das „Chaoten-Team" komplett!

Ach, was wir dir noch sagen wollen:
Lebe richtig aus dem Vollen!

Jetzt ist noch Zeit, denn allzu bald
ist man plötzlich richtig alt!

Feier die Feste wie sie fallen
lass dann und wann die Korken knallen

Leb' das Leben wie es ist
und bleib einfach wie Du bist!

Genieße jeden Tag aufs neu'!
– Vor allem: bleib Dir selber treu!

In diesem Sinn gratulieren Dir
die restlichen Drei der „Chaotischen Vier"

30ster Geburtstag (1998)

Auch wenn es schwer zu fassen ist
dass Du ab heute dreißig bist
find'st Du Dich besser damit ab
und machst uns nicht zu früh heut schlapp!

Denn heut – das ist Dir doch bekannt? –
sind wir außer Rand und Band!
Saufen woll'n wir wie die Ketzer
und der eine /andre Schwätzer

dann sicher viel zu lästern weiß …
Na und? Wen interessiert der Sch****?
Die Schwerkraft will am Busen walten
und auch dein Hintern wirft schon Falten

Die Jugend – längst Vergangenheit …
Was soll's?! Für alle kommt die Zeit!
Das Leben hinterlässt halt Spuren.
Ertrag sie einfach ohne murren!

Ändern kann man's ja doch nicht.
Und die Moral von der Geschicht':
Tja, die zwanzig haste durch
drum näher Dich jetzt ohne Furcht

an die nächste Null heran!
Herrje! – Vierzig bist'e dann!
Doch was hier so grausam klingt
meist problemlos leicht gelingt.

Da kann man lästern wie man will
genieß Du einfach für Dich still
dass Du der Star des Abends bist!

… – Auch, wenn der Preis die „Null" dran ist!

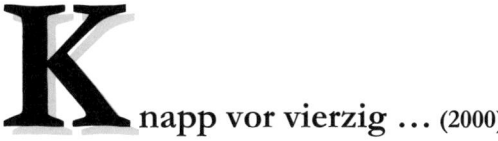

Knapp vor vierzig … (2000)

Tja, das ist jetzt aber dumm …
Schon wieder hast Du ein Jahr rum!

Die Vierzig, die rückt immer näher,
da wird ums Herz schon immer weher …

Was soll's schon! Sei doch ehrlich nun:
Was kann Dir eine Zahl schon tun?

Uns ist egal ob drei, ob vier
von Herzen gratulieren wir!

40 (1992)

Ich weiß nicht, ob ich's glauben soll,
Du bist vierzig? Ist ja toll!
Was? Du find'st das gar nicht lustig?
Wie? Das macht Dich eher frustig?

Na, dann lass Dir von uns sagen,
Du musst im Leben nur was wagen,
damit hier stets der Grundsatz gilt:
„Man(n) ist so alt, wie man sich fühlt!"

Und sieht man Dich „in Action" an,
weiß man, dass das nicht alt sein kann:
Mal ernst zu sein, das fällt Dir schwer,
Unsinn machen liegt Dir mehr!

Zur Radiomusik abrocken,
beim Bierchen noch 'ne runde zocken,
dabei gewonn'ne Kohle zählen,
Freunde ärgern, Feinde quälen,

Sprüche klopfen, Witze reißen,
in bestellte Pizza beißen,
ja so ist Dein Tageslauf,
wenn Du so richtig gut bist drauf!

Und am Sonntag geht 's dann raus,
spannst Du beim Angeln richtig aus.
Doch ist das Angeln dann vorbei,
geht 's weiter mit der Feierei!

Ja, so läuft das bei Dir ab:
Meistens lustig, selten schlapp,
nur Abends kann man Dich nicht locken,
Da willst Du brav Zuhause hocken.

Mensch, lass mal Fünfe gerade sein!
Komm mal mit raus, lädt man Dich ein.
Ansonsten bleib so, wie Du bist,
und das Fazit des Reimes ist:

40 bist'e und keiner kann's fassen!
Drum lasst uns drauf trinken! Hoch mit den Tassen!

40 ... (1998)

Jaja, ab vierzig geht's bergab ...
Langsam werd'n die Knochen schlapp

und zu den ohnehin schon alten
grauen Haaren kommen Falten

Der Bauch, der wächst wie ein Geschwür,
ach je, Du kannst ja nix dafür

Das ist die Natur der Dinge,
Süßes bringt am Bauch halt Ringe ...

Doch was soll's, mach dir nix draus!
Wird die Haut auch langsam kraus,

bringt das noch lange keinen um!
Also, bitte sei nicht dumm,

genieß das Leben, wie es ist,
auch, wenn Du nicht mehr zwanzig bist!

40ster (2000)

(Als Geschenk gab es Casino-Jetons)

Man wagt es sich zu sagen kaum …
nein, Stefan, leider ist's kein Traum!

40 Jahre hast Du nun
schon auf dieser Welt zu tun

Jaja, die Zeit, die rast vorbei,
man dreht sich um – und 1-2-3

nur einmal kurz nicht aufgepasst
und Jahre sind vorbeigerast!

Jedoch – was soll's, was nützt das Klagen,
Du musst Dir eben einfach sagen

„Hauptsache, ich kann Fußball gucken,
was soll mich da das Alter jucken?"

Zum selber Spielen musst Du dann
jedoch bei „Alte Herren" 'ran …

Auch lässt Du gern die Kugel rollen,
gehst beim Kegeln in die Vollen

und schaffst du „acht ums Vorderholz"
dann bist Du ganz besonders stolz!

Besonders gerne magst indessen
Du doch Gummibärchen essen

denn was macht Dich wirklich froh?
Na klar, natürlich Haribo!

jetzt geht's darum (man kann's sich denken)
was wir Dir zum Geburtstag schenken?

'ne Menge Gummibärchentüten!
Doch musst Du Dich beim Naschen hüten!

Denn von den Bärchen wird verdeckt,
was eigentlich dahinter steckt …

Jetons für das Roulette sind das!
Wir hoffen doch, das macht Dir Spaß!

Manchmal muss man halt was wagen!
So, uns bleibt nun noch zu sagen:

„Die Kugel rollt!" – und hoffentlich
auf die richt'ge Zahl für Dich!

Nu biste vierzich (2005)

Ja, mein Schatzi, kaum zu fassen,
so schnell verfliegt dann doch die Zeit
Lass uns heben hoch die Tassen
und feiern Dein' Geburtstag heut

Vierzig Jahre sind vorbei
– ach was soll's, ist doch egal!
Ob nun vier oder ob drei,
ist ja bloß irgend 'ne Zahl …

Wie Du weißt ist jeder ja
immer so alt wie er sich wähnt
Darum ist bei Dir auch klar,
dass man nicht schon bei vierzig stöhnt

Doch wissen wir ja auch woher
die strotzende Gesundheit kommt.
Das zu erraten ist nicht schwer,
bedenkt man Deine Herkunft prompt![1]

Espresso und Olivenöl!
Das alleine ist der Kniff!
Öl gut bemessen, Kaffee viel,
und man hat alles fest im Griff

Und weil heut Dein Geburtstag ist,
haben wir für gut befunden,
dass es an der Zeit nun ist
– gerade heute, zu dem Runden –

Dir zu erfüllen einen Traum,
den Du schon hast seit vielen Jahr':
Ab heute gibt's Kaffee mit Schaum
aus Deiner neu'n Espresso-Bar!

1) Gedichtet für einen Italiener

Sechzig (1997)

Vor 60 Jahr'n ein lauter Schrei
und mit der Ruhe war's vorbei!

Denn wie man sagt, warst Du als Kind
schon ein rechter Wirbelwind!

Unter Deinen Anekdoten
finden sich schon ein paar Schoten

die wird sicher nicht jeder wissen
drum werd ich sie erzählen müssen …

Du warst ein kleiner „Gernegroß"
und aufschneiden konnt'st Du famos!

So ca. 5 Jahr warst Du alt
da gingst zum spielen Du in'n Wald

und hinterher wollt'st Du erzähl'n
Du hättest einen Fuchs gesehen!

– Der Wortlaut, der war wirklich nett:
„'nen Futsch, so groß wie Heinz sein Bett!"

Und im Winter ging es 'raus
zum Schlittschuh laufen vor dem Haus

– Wie schon gesagt, er war 'ne Range
und als Junge schon nicht bange!

Und so fuhr er immer munter
mit den Schlittschuh'n den Berg runter

Er war der kleinste – doch egal!
Der Ehrgeiz packte ihn total!

Und wenn er auf die Nase flog
rappelt er sich wieder hoch

um es unter lautem Fluchen
gleich noch einmal zu versuchen!

Und Zuhause kam er dann
meistens steifgefroren an …

Und kalt war ihm, war doch wohl klar!
Doch was glaubt Ihr, wo's kalt ihm war?

An Händen und Füßen, denkt jeder nun!
– Doch was sagte er? An Handschuh'n und Schuh'n!

Ach, ich weiß noch eine Geschichte,
von der ich Euch nun auch berichte:

Hinterm Schuppen wog im Winde
sich 'ne alte Kletterlinde

Und Klein-Helmut, gar nicht dumm,
kletterte darin herum

Wollt beim Kriegsspiel Späher sein
also fing er an zu schrei'n:

„Feind in Sicht!" Und eins, zwei, drei,
mit dem Halten war's vorbei …

und wie's der Zufall dann so wollte,
er gleich vor Vaters Füße rollte!

Dieser fackelte nicht lange,
nahm Klein-Helmut in die Zange

dann gab es erst mal auf die Nuss
– und mit Soldatenspiel war Schluss!

Helmut rannte schnell ins Haus,
heulte sich bei Oma aus

und erzählt, wie's war mit allem,
warum er ist vom Baum gefallen:

„Ich hab gerufen ‚Feind in Sicht'
und konnte mich dann halten nicht

Und als ich plötzlich unten war …
– tja, da war der Feind schon da!"

Später dann traf er die Frau fürs Leben
Zum Glück, denn sonst würde es uns nicht geben!

Mit 25 hat er dann
um ihre Hand gehalten an

Doch eher als geplant es war,
ging es dann zum Traualtar

Denn der Kinder Nummer eins
war in Ullas Bauch bereits!

Nach knapp sechs Jahren kam ich dann herbei,
da waren es der Töchter zwei

Dann, nach weit'ren sechs Jahren, das nächste Kind,
womit wir am Ende der Chronik sind

und dieses Kind – ist doch wohl klar –
wieder eine Tochter war!

Tja, als Mann warst Du nun mal
kräftig in der Unterzahl …

Doch nun genug von den Geschichten,
kann jetzt nämlich nicht mehr dichten

Ich wünsche Dir, in Deinem Leben
wird's noch viele runde Geburtstage geben!

Jetzt heben alle wir die Tassen
und wollen „hoch" Dich leben lassen!

Zum Feiern sind wir stets im Stande
es grüßt Dich die Familienbande!

Zum Sechzigsten (2001)

2 Tage nach der Heiligen Nacht
wurdest Du zur Welt gebracht

Nur dass das nicht heute war
sondern schon vor sechzig Jahr!

Drei Geschwister gab es schon
2 Mädels und auch einen Sohn

Damit – das ist klar zu erkennen
konnt' man euch „Großfamilie" nennen!

Doch nun komm' wir unumwunden
zu dem was ich herausgefunden

über diese ferne Zeit
mal sehen, ob dich das erfreut:

Was so richtig süß ich fand,
war, wie Dein Vater dich genannt!

Na, fällt Dir das wohl heut noch ein?
– Ich denk, da warst Du noch zu klein …

Doch sag ich's Dir, hör gut zu:
Du warst sein kleiner „Trulljam", Du!

Und einen Schal hast Du besessen,
darauf warst Du ja ganz versessen!

In dunkelrot, und der war nur
von der edelsten Natur!

Rechts war es Seide, links aus Samt
fand man ihn stets in deiner Hand

Dazu den Daumen in den Mund
egal zu welcher Tagesstund!

Hast hier genuckelt, da gedrückt
und warst vor Glück der Welt entrückt …

Und wollten Dich die andern necken
taten Dein Schälchen sie verstecken!

Oh, wie groß war da die Not!
Wo war nur das Schälchen rot?

Ja, das war schon echt gemein …
– Kinder können grausam sein!

Die Haut immer schön braungebrannt
die Haar' weiß wie ein Südseestrand

sagte ein jeder, der Dich sah
„Der weiße Neger ist wieder da!"

Und auch die „Schlappenpost" hast Du erst geprägt:
Hast Dich immer schon Richtung Bahnhof bewegt

um Schwester und Schwager die neusten Geschichten,
wenn sie zu Besuch kamen, gleich zu berichten …

Und wenn sie dann bei Mutter waren
gab es schon nichts mehr zu erfahren …

Oma hätt' sicher gern auch was gesagt!
Doch wurd' Deine Schwester dann danach gefragt

sagte sie nur: „ – Ach – Mamma!
Die Schlappenpost war doch schon da!"

Und als Du dann in die Schule gekommen
hat die Lehrerin Dich beiseite genommen

und nach Deiner Konfession gefragt!
– Weißt Du noch, was Du darauf gesagt?

Ganz stolz das Köpfchen angehoben
tatest feierlich Du loben:

„Evankatholisch, das bin ich!"
– Die anderen lachten fürchterlich …

Und ein Foto von Euch Mädchen hab'n wir gesehen …
Eure Gesichter darauf sind einfach zu schön!

Ganz neugierig habt Ihr aus der Wäsche geschaut
ob sich das Vögelchen heraus wohl traut

so wie es der Fotograf hat versprochen:
„Gleich kommt hier ein Vögelchen gekrochen!

Drum lacht mal schön, dann kommt's gleich raus!"
– Doch Ihr saht eher skeptisch aus …

Das Foto dazu haben wir sogar hier
Und noch ein paar andere, insgesamt vier

(Naja, sind fünf, aber ist ja egal,
muss sich ja reimen, ist eh' bloß 'ne Zahl …)

Wir hoffen, dass die Erinnerung Freude Dir macht
und Dir dabei das Herz auch lacht

Vielleicht tut's auch ein bisserl weh,
was ich dann sicher auch versteh …

Die Zeit damals war sicher schwer …
Für Euch als Kinder vielleicht nicht so sehr

Man wächst in seine Verhältnisse rein
und außerdem wart Ihr ja noch klein …

und wenn man auf Fotos sieht, wie Ihr Euch freut,
war's wohl irgendwie auch eine schöne Zeit

Doch am dollsten hoffe ich
dass mein Gedicht erfreut hat Dich!

Und nun lass Dich kräftig feiern
bis wir froh nach Hause eiern

und die Gedanken darauf richten
„Was soll'n wir bloß zum Siebzigsten dichten?"

Wir alle hab'n Dich furchtbar lieb
und sind sooo froh, dass es Dich gibt!

Bleib einfach immer wie Du bist
weil es so am besten ist!

Und wie immer hier am Schluss
der Satz, der einfach kommen muss:

Zum Feiern sind wir stets im Stande
es grüßt Dich die Familienbande!

Zum 70sten (2007)

Lieber Paps, man will's kaum glauben
heute wirst Du 70 Jahr'!

Man kann es drehen, wenden, schrauben
es ist und bleibt ganz einfach wahr!

Wir haben lange nachgedacht
was wir Dir heute sollen schenken.

Sehr viel Spaß hat's uns gemacht
wir hoffen, Du wirst auch so denken!

Wir haben Fotos durchgeseh'n
hatten viel auf uns'rer Liste

und immer, wenn uns eins schien schön,
kam es in diese Memory-Kiste[1]

Wir hoffen, Du hast Freude dran
und auch schön viel zu lachen

nun woll'n wir an der Tafel dann
uns an den Kuchen machen

Denn auch dort (Du siehst es schon)
'ne Überraschung lauert

die allerdings – der Zeit zum Hohn –
den Tag nicht überdauert[2]

Und eh' die Torte nun vergammelt
haben wir uns hier versammelt

1) Bezieht sich auf ein Memoryspiel aus Familienfotos
2) Der Kuchen war ebenfalls mit (essbaren) Fotos verziert

Diese jetzt auch anzuschneiden
dumme Sprüche woll'n wir meiden,

Nur einer liegt uns gar nicht fern:
Wir hab'n Dich zum „Fressen" gern!

Und einer noch, der niemals fehlt
Am Ende jeder Rede steht:

Zum feiern sind wir stets im Stande
es grüßt Dich die Familienbande!

Siebzig? (2000)

… kann doch gar nicht sein!
– Wer war hier denn so gemein

mir diesen Bären aufzubinden?
Kann fast keine Worte finden …

Was? Wie? Es ist wirklich wahr?
Du wirst heut wirklich siebzig Jahr?

Kaum zu glauben, muss ich sagen!
Muss Dich einmal ernsthaft fragen:

Glaubst Du, dass Dir derjen'ge glaubt
dem Du Dein Alter anvertraut?

Oder dreht der sich gleich weg
und denkt sich: „Die ist doch wohl jeck!"?

Wie dem auch sei – war wirklich platt
als man mir das berichtet hat …

So, dann wünsch' ich ohne Frag'
genieße Deinen Ehrentag!

Lass dich Feiern und Verwöhnen!…
– Oh, eins muss ich noch erwähnen:

Bleibe stets gesund und fit
und wir alle freu'n uns mit!

Zocker-Geburtstag (2000)

(Das Geschenk: Ein Blumentopf voll Casino-Jetons und Heu)

Es wissen ja nun alle hier:
Irgendwo ganz tief in Dir

bist Du doch eigentlich ein Zocker!
Und dabei geht schon mal ganz locker

– bei Oddset, Lotto, Losekauf –
komplett das Taschengeld für drauf!

Ist Ebbe, dann wird's höchste Zeit
für ein paar Stunden Schwarzarbeit!

Also, hab'n wir uns gedacht,
dass es Dir sicher Freude macht

einmal den Spieler raushäng'n lassen
zur Spielbank fahren, Geld verprassen.

Ohne dass des Geldsacks Löcher
größer werden noch und nöcher!

Einmal ohne Reue spielen,
da wirst du sicher wohl Dich fühlen!

Also sind in dem ganzen Heu
Jetons für das Casino bei!

Wir hoffen, du gehst da als Held
heraus – mit ganz viel Geld!

Der Buchsbaum ... (1999)

(...gewünscht war natürlich ein „echter", gefunden haben wir nur einen künstlichen ...)

Das ist wirklich dumm gelaufen ...
Wir wollten Dir 'nen Buchsbaum kaufen
Hab'n uns die Hacken abgerannt
und trotzdem kaum man einen fand

Entweder war er dann zu groß,
oder hässlich, wie ein Kloß!
Nein, so sollt' er auch nicht sein
Lieber hübsch und handlich klein

Aber – so hab'n wir gedacht –
es wäre doch wohl echt gelacht
kämen wir mit leeren Händen!
Nur, weil wir keinen Buchsbaum fänden!

So suchten wir, Tag ein, Tag aus,
weit über die Grenzen der Stadt hinaus
Und als wir schon vor Gram ganz krank,
da fanden wir ihn! Gott sei Dank!

Ein Buchsbaum ist's, das ist wohl klar!
Wenngleich ein wenig sonderbar,
so hoffen wir doch, er ist recht!
Das Geld dran ist zumindest echt ...

Geschickt gelöst, so finden wir
hab'n wir diesen Wunsch von Dir!
So geh' denn hin, versuch' dein Glück
Vielleicht hast du ja mehr Geschick!

Und bald erfüllt sich dann dein Traum
und den Balkon ziert ein Buchsbaum!

Für unsere Mutti (2006)

Mutti, Du bist uns're Beste!
Klar, wir haben ja nur eine!

Doch heut', an Deinem Wiegenfeste,
glaub uns – so toll wär sonst auch keine!

Hast viel zu tun, so übern Tag
Läufst immer auf zu höchster Form!

Dass jeder das kriegt, was er mag
– ja, was Du leistest ist enorm!

Und trotzdem hörst Du immer zu,
wenn jemand Deine Hilfe braucht!

Wenn vor lauter Tohuwabohu
wieder mal der Kopf uns raucht

Hast stets 'nen guten Rat zur Hand,
auch wenn Du selbst ihn nicht beherzt –

bei Deinen Kindern angewandt,
hat das schon vieles ausgemerzt

Du bist echt ein Weihnachtsengel,[1]
die Kleine[2] wusst' es immer schon!

Und nach dem ganzen 'rumgedrängel
kommt hier des Weihnachtsstresses Lohn!

Hier ist's, wo wir „Zuhause" sind,
wenn wir zum Fest uns alle seh'n,

1) Geburtstag am 2. Weihnachtsfeiertag
2) Die Kleine = die Jüngste unter den Geschwistern

fühlt man sich wieder wie ein Kind!
Und das Gefühl ist einfach schön

Drum wollen wir heute Dank Dir bringen!
Heut' an Deinem Ehrentag

soll'n Dir die Englein davon singen
wie sehr ein jeder Dich hier mag!

Wie immer stets am Ende steht
der Satz, ohne den nix hier geht:

Zum Feiern sind wir stets im Stande
es grüßt dich die Familienbande!

2

Hochzeitstage und andere Jubiläen

Ein Monat „Wir" (1997)

Zum Nikolaus, hab ich gedacht,
es Dir sicher Freude macht

wenn ich für Dich dichten tu'!
Und außerdem kommt noch dazu

dass Du genau heut' vor vier Wochen,
bist aus Deinem Loch gekrochen

um es endlich doch zu wagen,
„Ja" zu Dir und mir zu sagen!

Ach Bino, wie sehr ich Dich mag!
Wenn ich Dir das hier aufsag'

wär ich noch tagelang dabei
und dann wär Nikolaus vorbei!

Doch ich denk, Du weißt's auch so,
ohne großes „Pipapo"!

Ich bin so wahnsinnig verliebt,
einfach schön, dass es Dich gibt!

Vier Wochen sind nun erst vergangen,
seit es mit uns angefangen

Und trotzdem geht's schon so tief rein!
Nie mehr möcht' ohne Dich ich sein!

Ich hoffe, dass es stets so bleibt,
dann wird es eine schöne Zeit!

Wir zwei beide, Du und ich!
Und weißt Du was? Ich liebe Dich!

Hochzeitsrede (1988)

Zwischen Koffern, Kleiderfetzen
entstand diese Rede hier

Ich hoffe, Ihr wisst das zu schätzen,
denn morgen, da verreisen wir!

Sollte ganz schön Zeit mich kosten,
diese Rede hier zu schreiben!

Doch alte Sitten soll'n nicht rosten,
uns're Rede, die muss bleiben!

Liebe Gabi, lieber Karsten,
endlich habt Ihr es geschafft

Habt nach vielen Probejahren
Euch zur Heirat aufgerafft

Glück soll Euch die Ehe geben,
viele Jahre, lange Zeit

Denn mit Glück in Eurem Leben
kommt Ihr viele Meilen weit!

Beim Fußballspiel hat's angefangen,
dass die zwei sich lieben lernten

Ist so viel Jahre gutgegangen,
nun wollen „Mann & Frau" sie werden!

Heut ging es hin zum Standesamt,
nun wird „Frau Klocke" sie genannt!

Doch eines ist hoffentlich allen hier klar:
Eigentlich bin nämlich ich hier der Star!

Hätt' ich nicht mit Karsten Fußball gespielt,
hätt' er nicht zu Gabi 'rüber geschielt!

Hätt's auch nicht bei beiden „Klick" gemacht,
wär' heut die Sache nicht vollbracht!

Die ganze Feier wär' Euch heut entgangen,
hätt' ich nicht mit alledem angefangen!

Also, Leute, danket mir!
Denn ohne mich wär' heut keiner hier!

So, nun noch eines zu guter Letzt:
Einen Schwager hab' ich ja jetzt …

… nun wünsch' ich mir nur noch eines auf Erden
– ich möchte gerne Tante werden!

Drum wünsch' ich Euch mit aller Macht:
Viel Spaß heut in der Hochzeitsnacht!

Grüne Hochzeit (1997)

Seit Jahren schon seit Ihr ein Paar
und heute ging's zum Traualtar!
Wir wünschen Euch zu diesem Feste
von Herzen nur das Allerbeste!

Der Himmel hängt heut voller Geigen,
heut' wollt Ihr es allen zeigen,
dass Ihr zwei zueinander steht,
und Euren Weg gemeinsam geht!

Und im April ist es soweit,
dann seit Ihr nicht mehr nur zu zweit!
Denn dann kommt Euer Nachwuchs an
– Ihr seid eine Familie dann!

Dann wird ein kleiner Sonnenschein
Mittelpunkt Eures Lebens sein!
Jeder freut sich mit Euch hier,
und all das feiern heute wir

Die Einladung, die wir bekommen,
hab'n wir gerne angenommen!
Zum Feiern sind wir stets im Stande
es grüßt Euch die Kollegenbande!

PS: Gut, dass ich gerad' noch daran denk'!
Natürlich gibt's auch ein Geschenk:
Wir dachten uns, so ein paar Kröten
sind sicher immer mal von Nöten …

10ter Hochzeitstag (1998)

Man kann es kaum für möglich halten
heute sind es schon zehn Jahr'!
Doch wo Amors Kräfte walten
werden halt auch Träume wahr

Heut' genau vor Jahren zehn
schwort ihr Euch im Standesamt
als Mann und Frau durch's Leb'n zu geh'n
mal hart wie Stein, mal weich wie Samt

Nicht immer war das Leben leicht
– oft Zuckersüß, doch auch wie Salz –
nicht immer war das Wasser seicht
oft stand's Euch auch mal bis zum Hals

Und trotzdem habt Ihr es geschafft
zu zweit das Leben zu gestalten
Euch stets gemeinsam aufgerafft
um Eure Liebe zu erhalten

'ne harte Zeit habt Ihr bestanden
als Karsten bei der Bundeswehr
doch auch die langen Jahre schwanden
war's seiner Frau ums Herz auch schwer

Danach kam die Karriereleiter
die stieg er hoch mit festem Schritt
Der Geldsack wurde immer breiter
und seine Frau, die freut sich mit!

Eines Tages war's soweit,
als der Rubel richtig rollte,
begann für sie 'ne schöne Zeit
in der sie nur halbtags noch arbeiten sollte!

So zieh'n die Jahre denn durch's Land
in denen Ihr teilt Euch Freud und Leid
Immer wieder drauf gespannt:
„Was bringt uns wohl die nächste Zeit?“

Das Leben meistern wie ein Spiel!
Wenn man's nicht zu verbissen sieht
Das alles geht, wenn man nur will
und stets an einem Strange zieht!

Den Erfolg, den seh'n wir hier!
Und hoffen, Ihr blickt gern zurück
Von Herzen gratulieren wir
zu zehn Jahren Eheglück!

Gemeinsam glücklich alle Tage,
so glücklich man nur seien kann!
Das wünscht ganz herzlich, ohne Frage
Euch beiden der Familienclan!

Rosenhochzeit (2008)

Gestern genau vor Jahren zehn
sah man im Standesamt Euch steh'n
Seinerzeit noch jung an Jahren
habt bis heute Ihr erfahren

Es kann nicht immer einfach sein
man stellt auf „Kompromiss" sich ein
Doch dass auch das nicht immer geht
ganz sicher jeder hier versteht

Ihr zwei habt es bis heut geschafft
Euch jeder Zeit zusamm' gerafft
So muss das sein, nur so kann's geh'n
lieben heißt, sich zu versteh'n

Klar fliegen auch schon mal die Fetzen
möcht' jeder mal das Messer wetzen
sich manchmal hinstell'n und laut schrei'n
doch da's nichts hilft, lässt man's halt sein

Zehn Jahre Ehe sind vergangen
das elfte hat gerad' angefangen
Macht weiter so, haltet Euch fest
bleibt glücklich hier in eurem Nest

Dann werden wir in ferner Zeit
zusammen sitzen so wie heut
und weit're Jubiläumstage
wieder feiern, keine Frage!

Und weil es längst mal nötig ist,
und man das gerne mal vergisst,
schenk' ich Euch heute Zeit zu zweit
Beim Mahl im „Glück & Seligkeit"[1]

1) eine zum Restaurant umgebaute Kirche

Gläserne Hochzeit (2003)

15 Jahr ein Ehepaar
mit Ecken und mit Kanten
Da fragt man sich: „Ist es denn wahr?"
Mein Gott, die Jahre rannten!

Wir kennen die Geschichte noch,
als Ihr Euch kennen lerntet
Wie oft im Leben zeigt sich doch:
‚Wer früh sät, auch früh erntet'

15 Jahre habt Ihr voll,
von Ferne winkt die Zwanzig
Genießt das Leben weiter toll,
dann wird es auch nie ranzig!

So wie den beiden Mäusen hier,
soll's Euch für immer gehen!
Damit in vielen Jahren wir
Euch noch so glücklich sehen

Wir wünschen Euch viel Glück auf Erden
zusammen sollt Ihr uralt werden!

Dieses alles – ist doch klar –
wünscht Euch die Familienschar!

Porzellanhochzeit (2008)

Nun wird zum 4. mal gedichtet
und über Eure Zeit berichtet …
Zur „Grünen" gab es das erste Gedicht
und auch zur „Rosen" fehlte es nicht

Fünf Jahre später ging es heiter
mit dem Gedicht zur „Gläsernen" weiter
Und heute nun mit Nummer vier
gibt's wieder ein Gedicht von mir:

Porzellanhochzeit wird sie genannt
und steht für zwanzig Jahre Hand in Hand
So viel Zeit ist schon vergangen
seit Eure Ehe angefangen

Wie andere habt Ihr erfahren
dass in zwanzig Ehejahren
die Zweisamkeit nicht nur Genuss
sondern auch leider mal Verdruss

Dass – wie im schönsten Porzellan –
auch hier ein Sprung entstehen kann
Doch vieles kann man wieder kleben
und mit dem meisten lässt sich's leben

Und macht's nicht den Charakter aus
bricht hier und da 'ne Ecke aus?
Und Ihr zwei habt ja – Gott sei Dank! –
'ne Menge Tassen noch im Schrank!

Seid stolz auf Euch und feiert schön!
Lasst es so richtig gut Euch geh'n!
Und dafür schenken wir Euch heut
ein Brunch im Glück & Seligkeit![1]

1) eine zum Restaurant umgebaute Kirche

Macht weiter so, zur Silbernen dann
komm' ich mit Gedicht Nummer Fünf bei Euch an!
Ihr wartet drauf – drum kommt er prompt,
der Satz, der stets am Ende kommt:

Zum Feiern sind wir stets im Stande
Es grüßt Euch die Familienbande

Silberne Rede (1987)

Heut ist die große Feier da,
heute sind's fünfundzwanzig Jahr!
Als Amor hat den Pfeil geschossen
da war'n sie noch der Jugend sprossen

Und beide traf der schnelle Pfeil
mittenrein! – Ins Hinterteil!
Doch erst nach reifem Überlegen
wollten sie sich dorthin bewegen

wo heut vor fünfundzwanzig Jahr'
sie traten vor den Traualtar
Und das war sicher nicht ganz ohn',
denn dies hier ist der Liebe Lohn!

Heut feiern sie ihr Liebesglück
und denken an die Zeit zurück
als sie noch ohne Mutters Wissen
sich mussten einst im Mondschein küssen.

Doch blieben sich die beiden treu
Verlobten sich nach Jahren zwei
Nach weiteren zweieinhalb Jahren
woll'n sie den Schritt zur Ehe wagen

Geplant war dieses für August!
– Doch habt ihr da noch nicht gewusst
dass Amor einen Streich euch spielt
und eure Pläne ganz verwühlt

Denn Gabi wollte mit entzücken
gern das Licht der Welt erblicken!
Statt im August, das war nun klar,
ging's im April zum Traualtar!

Und im Oktober kam sie dann
als erste von uns Kindern an!
Doch bei dem einen blieb es nicht
war erst der Anfang der Geschicht'!

Drei Weiber schenkte Mama Dir,
und mit ihr selbst waren's dann vier!
Vier Weiber – und ein einz'ger Mann!
Nicht leicht, wie man sich denken kann …

'ne Menge musstest Du verdau'n
ist doch kein Wunder, bei vier Frau'n!
Doch auch Mama hat's manchmal schwer
wenn Papa sie mal ärgert sehr …

Mein Tipp für Euch: Treibt Ihr's zu doll,
nehmt nicht alles gleich für voll
Und wenn auch mal die Fetzen fliegen,
schert euch nicht drum und lasst sie liegen!

Und ärgert Ihr Euch trotzdem mal,
atmet tief durch, dann ist's egal!
Dann wird auch in den nächsten Jahren
Fortuna Euch das Glück bewahren!

Die nächsten fünfundzwanzig dann,
geht Ihr in Glück und Frieden an!
Zur gold'nen Hochzeit, liebe Leut',
steh' ich dann wieder hier bereit!

Silberhochzeit (1999)

Mit 'nem Körbchen in der Hand
einst ich vor der Kirche stand

Ein Blumenkränzchen auf dem Haar
und im Kleidchen stand ich da

Tina stand gleich neben mir
Blumenkinder waren wir

Vor 25 Jahr'n genau
wurdet Ihr zu Mann und Frau

Höhen und Tiefen habt Ihr seitdem erlebt
und sicher hat oft Eure Erde gebebt

Ich wünsche Euch ganz ohne Frage
dass Ihr an Eurem Ehrentage

Euch über diese lange Zeit
und über das Erreichte freut

Genießt den Tag und feiert schön
ich sage jetzt „Auf Wiederseh'n"

Leinenhochzeit (1997)

Leinenhochzeit habt Ihr heut
35 Jahr' zu zweit

'ne stramme Leistung, wisst ihr doch?!
Wer schafft das denn heute noch!

In guten wie in schlechten Tagen
Glück und Leid gemeinsam tragen

Wenn man sich liebt, dann kann es geh'n,
das ist ja an Euch zu seh'n

Und als Eltern – könn' wir sagen –
kann man Euch ganz gut ertragen

Zwar wallten manches Mal die Wogen,
bis Ihr zwei ward gut erzogen

Doch seid inzwischen Ihr ja groß
und das Verstehen klappt famos!

Nein, jetzt mal ohne dummes Reden:
Ihr habt uns soooo viel gegeben

Und wir wünschen jedem Kind
Eltern, die wie uns're sind!

Die einem stets zur Seite steh'n,
auch wenn man glaubt, nichts kann mehr geh'n

Es gibt 'nen Satz, der davon spricht:
„Freunde kann man sich aussuchen – die Familie nicht!"

Könnten wir uns eine Familie wählen,
wir würden die, die wir haben, nehmen!

Denn besser kann es gar nicht geh'n!
So gut wie wir uns stets versteh'n!

Für Eure Liebe danken wir,
denn ohne Euch wär'n wir nicht hier

und dass Ihr glücklich alle Tage,
wünschen von Herzen, ohne Frage,

– sicherlich wisst Ihr es schon –
drei Töchter und ein Schwiegersohn!

Aluminiumhochzeit (1999)

Jaja, das könnte euch so passen
dass wir den Tag verstreichen lassen

ohne auch nur dran zu denken,
ihm nicht einmal Beachtung schenken!

Nach sieben'dreißig-einhalb Jahren
– so haben unlängst wir erfahren –

man schon wieder feiern kann:
Die „Aluminiumhochzeit" dann!

Ach was fühlten wir uns schlau!
Wussten wir doch ganz genau

dass Ihr davon so gar nichts ahnt
was wir so still und leis' geplant …

Doch dann kam der dicke Schocker!
Mama sagt zu Gabi locker:

„Weißt du, was ich 'rausgefunden?
Hochzeitstage sind nicht nur die Runden!

Nach sieben'dreißig und 'nem halben Jahr
gibt es Grund zum Feiern gar!

Aluminiumhochzeit ist das dann!"
Sprach's und griente Gabi an

Und der armen blieb vor Schreck
glatt erst mal die Spucke weg …

Damit habt Ihr uns Strategen
ganz schön zu Denken aufgegeben!

Hin und her wurde erwogen
– Egal! Jetzt wird es durchgezogen!

Viel Spaß hat's trotzdem uns gemacht
Und viel wurde dabei gelacht!

Auch Ihr habt hoffentlich viel Freude!
Wir hoffen, Ihr bleibt alle beide

froh und glücklich alle Tage
denn wir komm'n wieder, keine Frage!

Zum Feiern sind wir stets im Stande
es grüßt Euch die Familienbande

G oldene Hochzeit (2001)

Gold'ne Hochzeit habt Ihr heut
50 Jahre lang zu zweit
'ne stramme Leistung, wisst Ihr doch?!
Wer schafft das denn heute noch!

In guten wie in schlechten Tagen
Glück und Leid gemeinsam tragen
Wenn man sich liebt, dann kann es geh'n
das ist ja an Euch zu seh'n

Und wie begann das Liebesglück?
Wir drehen mal die Zeit zurück …
Dunkel war's im „Broker Holz",
der Schnee im Januar langsam schmolz

und mit ihm auch des Günters Herz,
fast verzehrt vor Liebesschmerz
stand er da, pfiff ganz verzückt,
auf dass die Liebste ihn erblickt

Und in eben diesem Wald
stand der Günter täglich bald
gegenüber „BH 1"[1]
denn Irmgards Herz, das war bald seins

Im Tanzlokal „Bünte" hat alles begonnen
Dort hat Irmgard schnell Günters Herz gewonnen
Er forderte sie zum Tanzen auf
und bestand danach darauf

sie nach Hause zu begleiten
So, wie es sich in diesen Zeiten
für einen Gentleman gehört!
– Wollt' wohl mit ihr auch ungestört

1) Hausnummer

reden über manche Dinge
– doch da störte schließlich Inge,
die Irmgards beste Freundin war
Und die war auch bei „Bünte" – klar!

Also waren sie zu dritt
und auch nach Haus sollt' Inge mit …
Doch da sprach Günter: „So geht's nich'!
Ich hätt' Dich gern allein für mich!"

So wurde Inge abserviert
und Irmgard dann alsbald verführt …
Was so im Januar begann,
landete im August dann

– weil Nachwuchs unterwegs schon war –
schließlich vor dem Traualtar!
Gefeiert wurde still und leise
in BH1, im kleinen Kreise

Und im Dezember, zur Weihnachtszeit,
ein neuer Bewohner die Herzen erfreut!
'ne Großfamilie ist zwar toll,
doch irgendwann wird's mal zu voll

Also fiel die Entscheidung nicht schwer:
'ne eigene Wohnung musste her!
Und Mitte der Fünfziger stand dann dort
sogar ein Fernseher – welch ein Komfort!

dass das was ganz besond'res war
macht folgende Geschichte klar:

Karin fuhr mit ihrer Ma
in der Straßenbahn
Und weil ihr gerad' so danach war
wollte sie erfahr'n

ob auf dem Fernsehapparat
sie heute dürfte wieder gucken?
Zack – da sah man akkurat
fast alle Köpfe rucken!
Von bass erstaunt und grün vor Neid
bis hin zu „Kaum zu glauben!"
Wer konnt' sich schon zu dieser Zeit
'nen Fernseher erlauben?

    – und weiter geht es in der Zeit –
    Anfang der Sechziger war es soweit:
    Das erste Auto, wunderbar!
    Und damit, das war doch wohl klar,

    ab in den Urlaub, nach Österreich
    Doch dies war nur der erste Streich!
    Denn reisen tut Ihr heut noch gerne
    – zwar nicht so ganz weit in die Ferne –

    Jetzt geht es jahrein, jahraus
    nach Dänemark ins Ferienhaus!
    Doch wo immer es Euch hin auch treibt
    wichtig ist, dass Ihr glücklich bleibt!

    Nun woll'n wir heben uns're Tassen
    und „Hoch" die beiden leben lassen
    Zum Feiern sind wir heute hier
    von Herzen gratulieren wir!

Vor 50 Jahren … (2008)

Heute stoßen wir Euch um!
Ha! Wisst Ihr überhaupt warum?
Denkt mal fünfzig Jahr' zurück …
Ja, da begann einst Euer Glück!

Rosenmontag war's gewesen
und nach viel Suchen konnt' ich lesen
dass das der 17. Februar
im Jahre '58 war!

Also habt Ihr – wenn man so mag –
heut gold'nen „Sich-Verlieben-Tag"
Ihr beide ward wohl aus zum Tanzen
und Papa hat Dich dann den ganzen

Abend immer aufgefordert
beim ihm hat's wohl ums Herz gelodert
Hat er Dich damit angesteckt?
Das Kribbeln auch bei Dir geweckt?

Oder dachtest Du: „Ist einerlei,
am Aschermittwoch ist's eh' vorbei"?
Doch Paps, so sollte es nicht kommen
Hast später sie zur Frau genommen

Konntest bei ihr nicht locker lassen
und darum heben wir die Tassen!
Glücklich sind auch wir nicht minder
denn schließlich sind wir Eure Kinder!

Nun fällt mir kein Reim mehr ein
doch einer muss zuletzt noch sein:
Zum Feiern sind wir stets im Stande
es grüßt Euch die Familienbande!

3

Gästebücher

O rding (1995)

Sehr zum Bedauern hatten wir
zum Schreiben nicht einmal Papier …
Drum müssen halt die guten, alten
Papiertücher dafür herhalten

Doch wenn's uns am Papier auch fehlt
denken wir doch ‚der Wille zählt'!
Denn wir hatten ohne Frage
hier sehr schöne Ferientage!

Drum dachten wir, zum „Danke" sagen
tun wir ein Gedicht mal wagen!
Wir traten ein und war'n entzückt!
Es war weihnachtlich geschmückt!

Am Esstisch ein Gesteck mit Kerzen,
da freuten sich doch unsre Herzen!
Dazu ein Teller mit Gebäck
– das war natürlich sehr schnell weg.

In der Küche stand etwas zu trinken bereit!
Wir hab'n uns wirklich sehr gefreut!
Und das, obwohl wir nur so kurz geblieben!
„Gastlichkeit" wird hier wirklich groß geschrieben!

Drum sagen wir zu guter Letzt:
Es war ein tolles Weihnachtsfest!
und zieht's uns wieder einmal her
fällt uns die Wahl bestimmt nicht schwer!

Dann lassen wir uns sicher wieder
in Ihrem schönen Häuschen nieder!
Die Blumen hier als Dankeschön!
Uns bleibt jetzt nur : „Auf Wiederseh'n!"

Meersburg (2002)

Wir hatten hier – gar keine Frage –
wunderschöne Urlaubstage!

Zwei Tage Regen war'n zwar schade
doch sagen diese uns ja gerade

dass bis auf gestern uns (und heute)
fünf Tage lang die Sonn' erfreute!

Doch nicht nur die erfreute sehr
Die Unterkunft hier fast noch mehr!

Familie Marschall furchtbar nett
Die Wohnung sauber und adrett

Auf'm Esstisch frische Blumen standen
Im Kühlschrank wir Getränke fanden

Wo „Hinweise" sonst meist nur Vorschriften machen
findet man hier ganz andere Sachen:

Raclette, Tisch- oder Holzkohlegrill
kann man sich leihen, wenn man will

Ebenso Liegen für den Garten
möchte man gern in der Sonne mal braten

Auch Wäsche waschen darf man hier
bei Marschalls – steht auf dem Papier!

Man staunt, wenn man das alles liest,
wie gastfreundlich es hier doch ist!

Und auch die Gegend – wundervoll!
Und Meersburg ist ja richtig toll

Der Aussichtspunkt hier um die Ecke
diente allabendlich dem Zwecke

den Bodensee bei Nacht zu seh'n
Der Anblick – einfach wunderschön!

Echt toll war's hier, doch 1-2-3
ist so ein Urlaub schon vorbei

Ja, die Entscheidung fällt nicht schwer,
wir kommen gerne wieder her!

„MERCI" bedeutet „Dankeschön"
– für alles – und „Auf Wiederseh'n!"

(Eine Tafel „Merci" lag dem Gedicht bei)

Meersburg (2004)

Zum zweiten Male schon sind wir
in Marschalls schönem Hause
Verleben uns'ren Urlaub hier
machen vom Alltag Pause

Die unt're Wohnung war besetzt
drum wohn' wir diesmal oben
Nach einer Woche könn' wir jetzt
auch diese Wohnung loben

Das Wetter hat's auch gut gemeint
der Sommer ließ sich locken
Fast immer nur die Sonne scheint
meist war es heiß und trocken

So herrlich wie es hier auch war
der Urlaub geht zu Ende
Zuhause warten – ist ja klar –
die eigenen vier Wände

Und während wir die Koffer raffen
wissen wir schon heute
auch wenn wir es nicht jährlich schaffen
hoffentlich jedes zweite!

Greetsiel (2008)

Vier Tage war'n wir in Greetsiel
was uns an sich auch gut gefiel
Doch wäre es noch doppelt schön
hätt'n wir auch das Meer geseh'n …

Sind kilometerweit gefahren
Ach, wo wir überall hier waren!
Hooksiel, Norden, Wilhelmshaven
– als wollt' die Nordsee uns bestrafen

Welch' Ecke wir hier auch ergründen
– Nirgends war das Meer zu finden
Vier Tage! – Und kein bisschen Meer!
Da fällt der Abschied ziemlich schwer!

Doch weil es sonst gefiel uns gut
komm' wir noch mal!

– UND ZWAR BEI FLUT!

Grüße an den Rest der Welt
senden die 6 aus Bielefeld

Gästebuch Wellness-Bereich

(Türkei 2009)

Sehr viel Sonne, Strand und Meer –
da erholten wir uns sehr!

Am Anfang stand dann – wie ein Traum –
Hamam-Massage[1], mit viel Schaum!

Davor ein Peeling sowieso,
die Haut wurd' glatt wie Baby's Po …

Massage und Hot-Stones am Schluss
waren noch mal ein Genuss!

Wir hatten hier – ganz ohne Frage –
wunderschöne Urlaubstage!

Grüße an den Rest der Welt
senden zwei aus Bielefeld!

1) Türkische Seifenschaum-Massage

Fotografen-Gästebuch

(Türkei 2009)

Tuni und Toni – die Foto-Giganten –
gleich in uns beiden zwei Models erkannten

Doch 160 Kilo geballte Kraft
hätten den Tuni dann doch fast geschafft!

Wie sollten die Speckrollen hier nur verschwinden?
Mussten uns kräftig in „Posischen"[1] hier winden …

Doch haben wir dabei so heftig gelacht
das hat sicher je 2 Kilo wen'ger gebracht!

Wir hatten viel Spaß und am Urlaubsende
sprachen phantastische Fotos Bände!

Die Bilder war'n klasse, wir nahm' sie im Doppel!
Es grüßen von Herzen

Germanys next Top-Moppel!

---

1) Englische Aussprache von „Position", das war immer der beliebteste Satz bei den Fotografen: „Position, bitte!"

4

Die einzigen 5 ernsteren Gedichte, die ich je schrieb …

Freundschaft (1995)

Heut ist es wieder mal soweit
es ist mal wieder an der Zeit

dass ich mir mein Hirn verrenke
den ganzen Tag an Dich nur denke

Warum kann ich Dich nicht einfach vergessen?
Was macht mich nur von Dir so besessen?

Manchmal, da wünsch' ich, ich könnte Dich hassen
Vielleicht könnt ich dann endlich von Dir lassen

Du meldest Dich nicht mehr bei mir
Nicht mal ein Anruf kommt von Dir

Kein Gedanke mehr an mich
dabei denk' ich so oft an Dich

Ich weiß, du wirst in Deinem Leben
niemals einen Platz mir geben

Dein Leben läuft in and'ren Bahnen
In welchen kann ich oft nur ahnen …

Ich gönn's Dir, wenn Du glücklich bist!
Doch dass Du mich dabei vergisst

find' ich – verdammt noch mal – nicht fair!
es zeigt mir nur noch einmal mehr

dass ich Dir nicht sehr viel bedeute
Du hast genügend and're Leute

um die sich Dein Leben dreht …
– Für mich ist es hier wohl zu spät

Ich dachte, wenigstens Freundschaft würd' bleiben
– doch die scheint auch davon zu treiben

Freundschaft ist halt nur ein Wort,
man spricht es aus und wirft es fort!

Und doch tut's weh, dass Du so denkst
dem Wort keine Beachtung schenkst

das Du doch selber ausgesprochen!
– Und nun sieht's aus, als wär's zerbrochen

Ich weiß, Du wirst mich niemals lieben,
doch dass mir nicht mal das geblieben

dass ich Dich dann und wann mal seh'
das tut mir so entsetzlich weh

Bitte, tu mir das nicht an!
Sag, dass das nicht wahr sein kann!

Behandle mich nicht so als wär
ich irgend so ein Teddybär

den man, wenn man ihn gerad' nicht braucht,
halt einfach irgendwo verstaut!

Spiel mit mir nicht dieses Spiel
denn es ist ein scheiß Gefühl

wenn man so behandelt wird!
Benutzt und danach abserviert …

Das hätt' ich nie von Dir gedacht
Doch wie es scheint, hast Du's gemacht!

Das hat mich ehrlich sehr getroffen
– Und trotzdem werd ich weiter hoffen!

Bis eines Tages dann die Zeit
vergessen bringt. – Doch dass was bleibt

ist:
Freundschaft ist halt nur ein Wort,
man spricht es aus, und wirft es fort …

Die Mauer (2001)

Sie wächst ganz langsam, Stein auf Stein
Wann reißt sie endlich einer ein?

Gefangen im eigenen Kerker sein müssen
Den Weg hinaus nicht mehr zu wissen
Hinaus zu wollen – es nicht zu können
Ständig gegen Mauern rennen

Der Wunsch, sich einfach mal fallen zu lassen
Sich dafür dann fast zu hassen
Das Gefühl, verlassen zu sein
in diesem Kerker – ganz allein

Mit Ablehnung nicht umgehen können
Die Dinge nicht beim Namen nennen
Immer geschluckt, doch niemals verdaut
und schließlich keinem mehr vertraut

Das falsche Wort zur falschen Zeit
schon liegt der nächste Stein bereit
So wird der Schutzwall immer höher
Keiner kommt dann wirklich näher

Wie leicht zieht man die Mauer hoch
Und wie stabil ist sie dann doch!

Und doch – es ist nur Stein auf Stein
Wann reißt sie endlich einer ein?

Eigentlich (2001)

- Eigentlich geht es mir richtig gut
- Eigentlich hab ich unendlich viel Mut
- Eigentlich bin ich sehr glücklich im Leben
- Eigentlich hat es mir viel gegeben
- Eigentlich ist mein Glas immer halb voll
- Eigentlich schaffe ich alles ganz toll
- Eigentlich habe ich gar kein Problem
- Eigentlich könnt's mir nicht besser geh'n
- Eigentlich weiß ich, ich bin echt gut dran
- Eigentlich gibt's nichts, das mich umwerfen kann
- Eigentlich fühl ich mich stark genug

„Eigentlich" ist doch
nur Selbstbetrug

(Eigentlich ist das ein schönes Gedicht!
Eigentlich! … – aber eigentlich nicht …)

Warum (2001)

Warum fragt man sich so oft „Warum?"?
Warum quält man sich nur damit 'rum?

Warum fragt man stets nur „Warum gerade ich?"?
Warum nicht viel besser „Warum gerad' ich nicht?"?

Man sollte lieber klar sich machen
welche positiven Sachen

gerade Krisen mit sich bringen!
Und das ist vor allen Dingen

auf's Leben eine neue Sicht
Vieles erscheint in ganz anderem Licht

Man muss einfach nur zulassen, seinem Leben
neue Perspektiven zu geben

Oft ist es schwer damit umzugehen
den Sinn dahinter zu verstehen

Offen für Neues, frei wie ein Kind
Erkennen, dass Grenzen verschiebbar sind

Die eigenen Ziele neu abzustecken
Die eigene Welt neu zu entdecken

Sensibler für des and'ren Probleme zu sein
Erscheinen uns diese auch noch so klein

so sind sie für den, der im Herzen sie hält
zur Zeit eben einfach der Nabel der Welt

Jeder empfindet das eigene Los
so klein es auch sein mag, für unendlich groß!

Einfach mal zuhör'n ist unendlich viel wert
Weil dadurch der Mensch gegenüber erfährt

„Ich bin nicht allein!" Und das tut so gut!
Das gibt so unglaublich viel neuen Mut!

Einfach dem and'ren 'ne Brücke zu bauen
und ihm dabei helfen, sich 'rüber zu trauen

Ihn einfach zu fragen: „Warum ‚Warum ich?'?
Warum nicht lieber: ‚Warum gerad' ich nicht?'?"

Und wird man an dieser Stelle landen
dann hat man den wirklichen Sinn verstanden!

Zwielicht (2004)

Noch nicht ganz dunkel doch auch nicht mehr hell
Die Lichter der Großstadt noch nicht ganz so grell

Die Farben verschwimmen im schwindenden Licht
Der scheidende Tag zeigt sein müdes Gesicht

Kaum Ecken und Kanten sind jetzt noch zu seh'n
Alles scheint weicher, beruhigend und schön

Die Sonne versinkt hinterm Horizont
Verliert ihren Tag an den steigenden Mond

Die Dunkelheit siegt und die Nacht bricht herein
Ach, könnt' sie so schön wie das Zwielicht doch sein

5

… und was dann noch so übrig bleibt …

Bundeswehr 1 (1987)

Ich würd dem Bund die Füße küssen
wenn sie Dich doch zu mir ließen

Doch weil Du am Ort musst bleiben
werd ich ein Gedicht Dir schreiben:

Ach das Leben ist besch***
denn ich tu Dich so vermissen

Ich träum, du wärst nach Haus gekommen
und hast mich in den Arm genommen

Doch das alles ist so ferne
Du stehst stramm in der Kaserne

und anstatt mit Dir zu plauschen
muss ich Verkaufsgesprächen lauschen

Doch freu ich mich auf's Wochenende
und vergess' dabei behende

allen Kummer, alle Sorgen,
lebe nur noch für das „Morgen"

bis das „Morgen" Samstag ist
und Du mich endlich wieder küsst …

So, nun ist Schluss mit meinem Dichten
muss noch drei Tag' auf Dich verzichten

Doch auf eins verzicht' ich nich':
Dir zu sag'n: Ich liebe Dich!

Bundeswehr 2 (1987)

Ach das Leben ist schon schwer
wenn man muss zur Bundeswehr:
Alles fängt ganz harmlos an:
Erst kommt die Musterung mal dran

T3 kam raus. – So dachten wir:
„Naja, vielleicht wird's noch T4!"
Doch gegen alle Hoffnung dann
kam die Einberufung an …

Tja, los geht es, Pinneberg ruft!
… Und Du wirst auf T2 gestuft …
Und als der Grundwehrdienst bestanden
fast alle heimatnah verschwanden!

Fast! Nur mein Freund, das arme Schwein,
der darf nach Jever – ganz allein!
Pinneberg war wohl noch zu nah
Drum musst Du weg, ist doch wohl klar

Kaum verdaut man diesen Schreck
kommt auch schon der nächste Gag:
Die Schicht, wie man sich's denken kann,
regt auch nicht gerad' zum Jubeln an …

Doch wir zwei werden das schon schaffen!
Da wird der blöde Bund schön gaffen!
Da kann der Bund gar nix dran rütteln
– auch nicht mit seinen schärfsten Mitteln!

Und macht man Dich auch mal „zur Sau"
denk Dir: „You're in the army now!"
Und dies ist – man erkennt's unschwer –
ein Loblied auf die Bundeswehr!

In Erinnerung an Bernd, der viel zu früh gestorben ist…

Muttertag (1995)

Wenn uns mal die Sorgen plagen
brauchen wir sie nur zu fragen
Fast in allen Lebenslagen
weiß sie für uns einen Rat
und schreitet gern auch selbst zur Tat

Wenn uns mal was schwer bedrückt
und uns alles nur missglückt
– kurz gesagt – wir spiel'n verrückt
hat sie immer für uns Zeit
und ist immer hilfsbereit

Geht's uns wieder mal nicht gut
weil hier und da uns weh was tut
macht sie am Telefon uns Mut
Sind wir mal krank – sie leidet mit!
Das nenn ich Solidarität!

Muss 'ne neue Wohnung her
doch der Geldsack, der ist leer
gibt sie ihr Gespartes her!
Mit den Worten: „Kein Problem,
wenn's Geld gibt, kannst mir's wiedergeb'n!"

Gerne tut sie mit uns lachen
wenn wir unsre Späße machen
Auch mit ganz verrückten Sachen
wie beim Grillen „rückwärts" trinken
kann man sie zum Lachen bringen

Still sitzen bleiben schafft sie nimmer
Läuft stets auf und ab im Zimmer
um uns zu versorgen immer
Wenn wir kommen sie besuchen
gibt's Brötchen, Kaffee und auch Kuchen

Und kommt sie mal zu uns ins Haus
packt sie den dicken Korb erst aus
und holt die guten Gaben raus
Sie kommt nie mit leeren Händen
immer muss sie uns was spenden!

Was ich mit all den Versen mein':
Als Mutter ist sie wirklich fein!
Wir können ehrlich glücklich sein!
Was nun zum Schluss zu sagen blieb:

Liebe Ma, wir hab'n Dich lieb!

Weihnachtskarte (1995)

Was ich Dir wünsch', steht auf der Karte!
– Was ich dafür von Dir erwarte?

Für Dich sind doch die Feiertage
ja sowieso nur eine Plage

Da dacht' ich, wenn ich „dichten tu'"
bring ich Dich vielleicht dazu

Dass Du – trotz all dem Weihnachtsfrust –
wenigstens mal grinsen musst!

… Und tu' ich weiter Reime machen,
wird ja vielleicht daraus ein Lachen?!

Ich wünsch' Dir, dass es gleich laut kracht
und wer Dein Auto schrottreif macht

Dass dein Traum in Erfüllung geht
und bald ein Neues dann da steht

Und dass die schnöde Weihnachtszeit
schnell an Dir vorüber eilt

Doch auch, dass – wenn Du's auch nicht willst –
Du Dich trotzdem glücklich fühlst

Wenn unterm Weihnachtsbaum Du sitzt
und über den Geschenken schwitzt

Ich wünsche Dir – ganz ohne Frage! –
trotzdem schöne Feiertage!

Und dies Gedicht – ich sag's betont! –
hat sich für mich schon mal gelohnt

denn Du hast – hoffentlich – gelacht!
und … dabei an mich gedacht!

und das mir das heut widerfährt
allein das war der Mühe wert!

Liebeskummer (1996)

Zwar ist schon Mitternacht vorbei,
doch das ist mir einerlei
Wenn Du mich brauchst, dann bin ich da!
Das ist doch wohl sonnenklar

Ich komm' jetzt eh' noch nicht zur Ruh',
weil ich an Dich denken tu
Am liebsten würd' ich mich selbst schicken
doch kann ich mich nicht so sehr knicken

Pass in keinen Umschlag rein,
selbst ein Paket wär' noch zu klein
Ach, das ist schon ganz schön Dreck,
warum wohnst Du nur so weit weg?

So ca. um die 100 Meilen
müsste ich jetzt zu Dir eilen,
um Dich in den Arm zu nehmen,
und Dir etwas Halt zu geben

Weil das nicht geht, probier ich's so:
Los! Zieh den Finger aus dem Po!
Nimm den Eimer Selbstmitleid
und schütt' ihn weg – ist höchste Zeit!

Das Leben ist auf seine Weise
irgendwie schon ganz schön … dumm
Es ist 'ne riesengroße Reise
und bringt uns eines Tages um

Das Ganze liegt in der Natur,
da fragt man sich: „Wozu denn nur?"
Kriegst ständig ins Gesicht geschlagen,
da muss man sich doch wirklich fragen:

„Wo steckt denn darin wohl der Sinn,
dass immer ich der Loser bin?"
Doch überleg' einmal genau!
Ist der Gedanke wirklich schlau?

Ist das – wenn Du ganz ehrlich bist –
nicht purer Egoisten-Mist?
Ich weiß, in dieser, Deiner Lage
ist das für Dich 'ne blöde Frage

Hast wieder mal in'n Dreck gebissen,
fühlst wieder mal Dich ganz … bescheiden
doch jetzt frag mal Dein Gewissen …
Meinst' nicht, dass and're viel mehr leiden?

Natürlich kann ich Dich versteh'n!
Doch wird die Welt nicht untergeh'n
„nur" weil es hat nicht „sollen sein"
und Du bist wieder mal allein

Das Leben, das wird weiterlaufen,
und Du wirst Dich zusammenraufen
Wirst jeden Morgen brav aufsteh'n
und weiter durch Dein Leben geh'n

Denn Du hast wenigstens ein Leben!
Dafür würd' mancher alles geben!
Ja, ich weiß, du fragst: „Wozu?"
Lies einfach weiter und gib Ruh'!

Kinder gibt's, wenn die geboren,
haben sie doch schon verloren
Für sie ist ein Regenguss
zum Leben absolutes Muss!

Wenn unsereins im Regen steht,
meint er gleich, dass nichts mehr geht
Blödsinn ist das, alles Mist!
Das Leben bleibt nun mal und ist

– egal was einem widerfährt –
für uns noch immer lebenswert!
Und irgendwann, da kommt der Tag
(wann immer das auch seien mag)

an dem Du sagst: „Mensch, gar nicht schlecht,
Kerstin hatte wirklich Recht!"
In diesem Sinn hör ich jetzt auf,
das Weitere nimmt seinen Lauf

Inzwischen ist es kurz nach eine
doch Müdigkeit verspür' ich keine
Ist klar, bin völlig aufgedreht
Doch für so'n Brief ist's nie zu spät!

Ich hoffe nur, es hat genützt,
was ich mir hier hab ausgeschwitzt
– Doch etwas fällt mir gerad' noch ein:
So schlimm kann alles gar nicht sein!

Denn Du hast was, das macht Dich reich!
Da wird vor Neid so mancher bleich!
Was du hast, gibt es nicht für Geld!
'ne Freundin hier in Bielefeld!

So, ich sage nun „Gut Nacht"
Und hoff', das hier hat was gebracht!
Ich freu mich auf heut Abend schon
denn sicher klingelt's Telefon …

Ode an unser Lädchen (1996)

Jeder, der was auf sich hält
(und noch dazu hat genug Geld),
kauft allezeit bei uns nur ein!
Denn unser Laden gilt als fein

Bei uns zu arbeiten ist schon famos,
jeden Tag ist dort irgendwas los
An einem Tag fehlt das Grillbesteck,
am nächsten Tag sind die Quirle weg

Ganz zu schweigen vom Moulinex-Messer
… – vielleicht geht's ihm da, wo es jetzt schneidet, besser …

Und wenn mal nichts fehlt, dauert's nur eine Weile
und irgendwas ist mal wieder nicht heile …
Die große Maschine rasselt wie „ab"
oder der Tiefkühlschrank macht schlapp

Oder – auch witzig – 'ne Sicherung raus!
Im ganzen Laden das Licht ist aus!
Was soll's, kein Problem! Schnell mal runter in'n Keller
und schon wird es wieder heller

Im Sommer schwitzen wie die Pest
Im Winter frieren die Finger fest
Die Grippe wird stets gern genommen,
weil wir die umsonst bekommen

Genau wie Risse, Schnitte, Löcher,
blaue Flecken noch und nöcher
Keiner bleibt davon verschont!
Spaß macht's doch erst, wenn's sich lohnt

Doch eines muss hier Erwähnung noch finden:
Dass wir uns stets wieder dazu überwinden,
den Weg in unser Lädchen zu machen!
Denn worüber sollten wir sonst auch lachen?

Ein'n Ort gibt es nur, wo ich lieber würd' sein,
und das ist bei mir daheim
– denn da darf ich zum Scheiben putzen
wenigstens Sidolin benutzen!

b in den Urlaub! (1997)

Geschafft! Nun endlich ist's soweit!
Drei Wochen lang ist Urlaubszeit!

Ich wünsche Dir – ganz ohne Frage –
wundervolle Urlaubstage!

Die Sonne soll Dir stets nur scheinen,
der Himmel höchstens nachts mal weinen

Und sollt' es nach Italien geh'n,
denk dran: Ich wohn: „Am Dammbruch 10"

Die Postleitzahl sei noch geschrieben,
das ist die „33647"

So, nun bleibt mir nur noch zu sagen
Erhol' Dich gut in diesen Tagen

Komm froh und gutgelaunt zurück
Bis dahin wünsch ich Dir: Viel Glück!

Zum Berufsstart (1997)

Viel Glück soll dieser Klee Dir bringen!
Auf dass Dir alles wird gelingen,
worauf Du Dich so lang' gefreut!
Jetzt kommt endlich Deine Zeit!

Der Weg dorthin war lang genug,
jetzt kommst endlich Du zum Zug!
Viel Stress und Arbeit warten nun
'ne Menge gibt es noch zu tun

Auch wird nicht alles glatt stets laufen
Wirst manchmal Dir die Haare raufen
Doch was Dir auch „passieren tut"
– am Ende wird stets alles gut!

Trag nur den Kopf stets hoch erhoben,
ob sie lästern oder loben!
Neider wird es immer geben,
denn so ist nun mal das Leben

Lass Dich nur nicht unterkriegen
Und die, die lästern, lass links liegen!
Geh deinen Weg, Du machst das schon!
Und Kinderlachen sei Dein Lohn!

Führerschein! (1999)

Liebe Anastasia,
endlich geschafft – hipp-hipp-hurra!

Wir alle gratulieren hier
zur bestand'nen Prüfung Dir!

Auf dass die Ampeln grün stets sind,
Du immer fährst mit Rückenwind

– doch nicht zu schnell, sonst ‚eins-zwei-drei'
ist's mit dem Fahrspaß bald vorbei!

Pass stets gut auf und fahr schön brav
(auch nicht zu langsam wie ein Schaf)!

Nimm ein gesundes Mittelmaß,
den Fuß nicht immer voll auf's Gas

Dann wird Dir keiner böse sein
und Du kannst Dich am Fahren freu'n.

Gute Fahrt auf allen Wegen
wünschen Dir deine Kollegen!

Im Krankenhaus (2000)

Ach, was für ein böses Treiben …
Würden so gern bei Dir bleiben!

Doch weil das von früh bis spät
nun mal leider gar nicht geht,

hab'n wir uns was ausgedacht
und Dir etwas mitgebracht:

Diese Stoffmaus soll Dir bringen
ganz viel Glück in allen Dingen!

Und wenn hier sein kann,
hast Du was zum Knuddeln dann

Und in Gedanken – das ist klar! –
sind sowieso wir alle da!

Mama, Papa und Nicole,
alle lieben Dich ganz doll!

Auch „Chef"[1] und Bino hab'n Dich lieb!
Und ganz doll die, die dies hier schrieb!

Und von uns allen ist die Maus,
die Dich beschützt im Krankenhaus!

1) „CHEF" war der Name unseres Hundes

anke (2001)

(Zum Abschied und als Dankeschön an meine Physiotherapeutin in der Reha)

Danke für die letzten Wochen!
Am Anfang schmerzten noch die Knochen

Bewegung jeder Art tat weh,
kaum ging'n die Arme in die Höh'

Doch dann geschah das Wundervolle ...
Am Anfang kam die „heiße Rolle"

Oh ja! Das hab' ich gern genommen
– Hätt's gern jeden Tag bekommen!

Doch vergisst man dabei nur:
Das ist kein Urlaub – sondern Kur!

Die nächsten Tage wurd' massiert
bis Grün und Blau die Stelle wird ...

Hab viel gejammert, viel geschwitzt
Doch letztlich hat's ja was genützt!

Denn der Übung Sinn und Zweck
war ja schließlich: „Schmerzen weg"!

Und so kam nach kurzer Zeit
wieder die Beweglichkeit

Wow! Was war das für'n Gefühl!
Sich dreh'n und strecken wie man will!

Als das erreicht, fingen wir dann
mit Muskelaufbautraining an

Stock, Seil, Hocker, Thera-Band
– irgendwas war stets zur Hand

um mich wieder fit zu machen
Und immer gab's auch was zu Lachen!

Oh ja, hat wirklich Spaß gemacht!
Und auch 'ne Menge mir gebracht!

Darum möchte ich hier „Danke" sagen:
Für das Schuften, Lachen, Plagen,

natürlich für die „heiße Rolle",
das war ja das Extratolle!

Die Kopfmassage war auch gut!
Man glaubt gar nicht, wie gut das tut!

Also: ein dickes „Dankeschön!"
Ich hoff', dass wir uns wiederseh'n!

Rente (2001)

Jawoll! Nun hast Du es gepackt
und die Rente eingesackt

Acht Wochen Kur – oder wie lange? –
machten Dich ja gar nicht Bange

Hast hartnäckig verfolgt dein Ziel,
denn wer nichts wagt, gewinnt nicht viel!

Und trotzdem war für alle klar:
Du bist auch für die and'ren da!

Zu jeder Zeit an jedem Ort
Für jeden, der's brauchte, ein liebes Wort!

Für andere da sein ist für Dich ein „Muss"
Du selber kommst erst ganz zum Schluss

Drum musste auch die Rente her
Nun hast Du endlich Zeit für mehr!

Ändern sollst Du Dich ja nicht,
doch nutze etwas Zeit für Dich!

Nun bleibt zu sagen eins zum Schluss:
Widme dich etwas dem Genuss!

Dann wirst Du ziemlich schnell entdecken:
Das Leben kann echt lecker schmecken!

Zum Einzug (2005)

Der Umzug ist geschafft – wir auch …
Nun folgt das Dichten, so der Brauch!
Den Anfang hat Mama gemacht
und nun komm' ich – wär' doch gelacht!

Der große Stress ist endlich 'rum
– die Arme schwer, der Buckel krumm –
Fast alle Kisten leer gefegt
und alle Schränke schon belegt

Ist auch (fast) alles glatt gegangen!
Die Nerven haben sich gefangen
Klempner Murks und Firma Krama
sorgten zwar für manches Drama,

doch was soll's, nu' sind die weg!
Und uns kümmert's doch 'n Dreck,
ob die Garderobe schief im Wind
und Schränke nicht verbunden sind!

Dann müssen wir halt noch mal dran!
Was soll's denn, „selbst" sind Frau und Mann!
Muss ja auch nicht schon heute sein
Heut woll'n wir uns an allem freu'n!

Vom Umzugsstress die „Schnauze voll"
finden wir's nun richtig toll,
Euch zu der neuen Wohnung ehren,
'ne Überraschung zu bescheren!

Drum kommen wir Euch heut besuchen,
und zum Kaffee bring'n wir den Kuchen!
Auch Kaffee hab'n wir mitgebracht,
denn wir haben uns gedacht:

Die alte Maschine tut's bald nicht mehr,
darum muss 'ne Neue her!
Es gibt so tolle Pad-Maschinen,
ganz schnell und einfach zu bedienen!

Pad rein – Knopfdruck – Tasse voll!
Hm? Das ist doch wirklich toll!
Geht schön schnell und ohne warten!
So bleibt mehr Zeit für and're Taten!

Damit woll'n wir Euch beglücken
und eure Wohnung neu bestücken!
Auf geht's jetzt zum Kaffee-Genuss!
– Nur einen Satz noch, jetzt zum Schluss,

der immer ganz am Ende steht
Ein Satz, der die Familie prägt:

Zum Feiern sind wir stets im Stande
es grüßt Euch die Familienbande!

Freundschaft (2005)

Liebe Melli auch für Dich
Ich heute ein Gedicht mal schrieb
Auf diesem Weg bedank' ich mich
Und sage Dir: „Ich hab Dich lieb!"

Mit Dir kann man so schön lachen
Einfach mal nur albern sein
Und was-weiß-ich für Sachen machen,
sich einfach wie die Kinder freu'n

Doch auch, wenn mal die Sorgen siegen,
bist du immer für mich da
Bei Dir brauch' ich nicht zu lügen
Wie ich mich fühl' ist Dir gleich klar!

'ne lange Zeit war'n wir getrennt,
hat jeder seinen Weg gemacht
Doch hat das Schicksal nicht gepennt,
und wieder uns zusamm' gebracht

Ich wünsch' mir, diese Freundschaft bleibt
für alle Zeiten jetzt besteh'n
Dass nichts uns auseinander treibt,
wir jeden Weg gemeinsam geh'n

'ne Freundin so wie Dich zu haben,
die felsenfest zu einem hält,
da kann man nur laut „Danke" sagen!
Das gibt's nicht oft auf dieser Welt!

Mit einem Satz: Ich hab' Dich lieb!
Schön, dass es Dich für mich gibt!

Zur Heiligen Nacht (2007)

als „Wartezeitversüßer" für meine kleine Schwester

Heute endlich ist's soweit,
wir sind schon ganz gespannt darauf!
Vorbei des Wartens lange Zeit
Mama passt schon im Zimmer auf

Damit das Christkind, kommt es dann,
mit dem vollgepackten Schlitten
auf dem Balkon gut landen kann
Sicher wird's auch um Hilfe bitten

Ganz brav wird jetzt noch abgewartet,
bis gleich das Glöckchen klingeln wird
Dann endlich wird durchgestartet
und zum Tannenbaum geführt

Fröhlich wir dann Lieder singen,
darauf bist Du ganz versessen
Wir hoffen, dass wir's alle bringen,
und nicht zu oft den Text vergessen

Dann geht's zum Geschenk auspacken
Hat wohl das Christkind dran gedacht?
Und Dir von all den schönen Sachen,
die Du Dir wünschtest, viel gebracht?

So schön wie früher … (2009)

Ein komisches Gefühl ist's ja,
dass ich heut' zum letzten Mal

mit Dir hierher gefahren bin,
nachdem das so viel Jahr' so ging …

Und jetzt, nach all den „Taxi"-Jahren,
werd' ich ab morgen Bus nun fahren …

Doch nicht nur das macht's Herz mir schwer:

So schön wie früher wird's nie mehr

Weißt Du noch, wie schön es war,
immer, wenn kein Arzt war da?

Wir hab'n gefrühstückt, „alle Mann"
Und wenn dann plötzlich einer kam,

musste alles schnell verschwinden!
Kein Krümelchen war dann zu finden …

Ja, das war 'ne schöne Zeit –
so ganz anders noch als heut …

Bedauert man's auch noch so sehr:

So schön wie früher wird's nie mehr

Sich an Neues zu gewöhnen
ist schwer. Ich brauch's nicht zu erwähnen …

Denn ab und an am Telefon
vergriffst Du Dich zwar nicht im Ton,

doch meldetest Du Dich schon mal,
als wär' der Senior heut noch da!

Darüber lachten alle sehr!

So schön wie früher wird's nie mehr

Ach, überhaupt und sowieso:
Wer bringt Patienten jetzt aufs Klo?

Und wer wird mir ab morgen sagen,
ich soll endlich weiße Hosen tragen?

Mir bleibt jetzt nur: Ich wünsch Dir Glück!
Blick stets nach vorn und nicht zurück!

Und wenn zurück, dann nur daran,
wie lustig alles sein kann!

Ach Du, mir ist das Herz so schwer …

So schön wie früher wird's nie mehr

Doch weiß ich eins, das bleibt noch schön:
Nämlich dass wir uns wieder seh'n
– Spätestens, wenn wir Essen geh'n!

Mit der ganzen alten Truppe
Alles and're ist dann Schnuppe
Wir löffeln fröhlich uns're Suppe,

lachen über die alte Zeit!
Und weißt du, was uns dann stets freut?

So schön wie früher geht's auch heut!

Geschafft! (2009)

Jahre still vor sich hin gereift …
Immer mal wieder dran gedacht,
bis endlich man die Chance ergreift
und sich dann an die Arbeit macht

Es kommt mir vor, wie in 'nem Traum,
so richtig glauben kann ich's kaum
Doch letzten Endes seh' ich's ja:
Ja, dieses Buch ist wirklich da!

Habe Stunden, Tage, Wochen,
Monate – ach, Jahre gar –
beim Tippen mir ein' abgebrochen,
bis endlich fertig alles war …

Mein eig'nes Buch! Nun ist's vollbracht!
Ich hoff', dass es euch Freude macht!
Viel Spaß beim Stöbern, Lesen, Lachen
Und dann vielleicht beim Selbermachen!

So schwer ist's nicht, Ihr werdet seh'n!
Man darf nur nicht zu ernst dran geh'n
Man muss schon hier und da mal schummeln,
um sich 'nen Reim „zurecht zu fummeln"!

So, das war's nun, Klappe zu!
Für's Erste geb ich jetzt mal Ruh …

(„Für's Erste"! Habt Ihr das gelesen?
Läuft's gut, ist's das noch nicht gewesen!
Für alle Fälle fang ich dann
für „Band 2" mal zu dichten an …)

DANKE!

Allen,
die von mir
„bereimt"
wurden
und somit
unwissentlich
und
unabsichtlich
zur Entstehung
dieses Buches
beigetragen
haben!

**Ohne Euch
hätte es
dieses Buch
niemals geben
können**